Roland F. Lukner

Mit dir zusammen, immerdar ...

Romantische Gedichte aus Georgien

Roland F. Lukner

MIT DIR ZUSAMMEN, IMMERDAR ...

Romantische Gedichte aus Georgien

Stuttgart 2018
Edition Noëma

Bibliografische Information der Deutschen Nationalbibliothek
Die Deutsche Nationalbibliothek verzeichnet diese Publikation in der Deutschen Nationalbibliografie; detaillierte bibliografische Daten sind im Internet über http://dnb.d-nb.de abrufbar.

Bibliographic information published by the Deutsche Nationalbibliothek
Die Deutsche Nationalbibliothek lists this publication in the Deutsche Nationalbibliografie; detailed bibliographic data are available in the Internet at http://dnb.d-nb.de.

∞

Gedruckt auf alterungsbeständigem, säurefreien Papier
Printed on acid-free paper

ISBN: 978-3-8382-1261-6

© *ibidem*-Verlag

Edition Noëma

Stuttgart 2018
Alle Rechte vorbehalten

Das Werk einschließlich aller seiner Teile ist urheberrechtlich geschützt. Jede Verwertung außerhalb der engen Grenzen des Urheberrechtsgesetzes ist ohne Zustimmung des Verlages unzulässig und strafbar. Dies gilt insbesondere für Vervielfältigungen, Übersetzungen, Mikroverfilmungen und elektronische Speicherformen sowie die Einspeicherung und Verarbeitung in elektronischen Systemen.

All rights reserved. No part of this publication may be reproduced, stored in or introduced into a retrieval system, or transmitted, in any form, or by any means (electronic, mechanical, photocopying, recording or otherwise) without the prior written permission of the publisher. Any person who does any unauthorized act in relation to this publication may be liable to criminal prosecution and civil claims for damages.

Printed in the EU

Inhalt

Die Muse 9

Unterwegs nach Haus 11

Frühsommer 13

Ausgesetzt 15

Der Schönheit Stille 17

Das Paradies 19

Das Gemälde 21

Tanz der Liebe 23

Die Schönheit und die Liebe 25

Die Herbstikone 27

Der Garten Eden 29

Das Rendezvous 31

Das Liebesfest 33

Begeistert von den Liedern Georgiens 35

Du meine Seele 37

Die Wüste 39

Das Glück 41

Georgien – die Seele mein 43

Das Paradies II 45

Erfüllung 47

Verbundenheit 49

Liebestraum 51

Die kostbarste Perle 53

Glückliches Schicksal 55

Nächtlicher Spaziergang II 57

Das Röslein 59

Unseres Glückes Nest 61

Das Schöne 63

Liebesekstase 65

Der grüne Lichterkranz 67

Дух любви 69

Zusammen immerdar 71

Valentinstag 73

Morgengruß 75

Die Quelle 77

Jasons Drachenkampf um das Goldene Flies ... 79

Für die Grazien

Die Muse

Für dich, du hehre Muse,
Du Einzigartigste, denn du beherrschst die Kunst
Die Saiten meines Herzens zu berühren,
Dass die Gefühle mein erblühen wie nie zuvor,
In voller Schönheit, praller, farb'ner Fülle,
Deren Klänge, wehmütig und freudig,
Du aufnimmst in deine grenzenlose Seele,
Darob mir meine Tränen glücklich wallen.
Das ist das Glück, das wahre Leben!

Unterwegs nach Haus

Wenn ich auf deine ausdrucksvollen Augen schaue,
Versinke ich in ihre unmessbare Tiefe,
Und blicke voll ergriffen auf deine Wunderwelt!

Es schäumen überschlagend Wellen blendend, endlos,
Mir am hellen Strand entgegen, eine nach der andern.
Soll ich es wagen, mich in sie zu stürzen?
Komm ich auch drüben wieder raus?
Oder sinke ich für immer in die Tiefe?

Nicht anders finde ich's heraus, als dass ich
Todesmutig in ihre Mitte springe.
Ich stürze, bereit zum Tod und auf sie zielend,
Mit voller Kraft in sie hinein! Und siehe da!
Ich tauche auf der andren Seite jauchzend auf!
Ich habe sie durchstoßen! Die nächste Welle schon,
Gefolgt von andern, spritzt schäumend mir entgegen.

Frühsommer

So unverhofft erstrahlt dein lächelnd Angesicht,
Der Sonne gleich, die durch die Wolken bricht.
Verwandelt ist die Welt um mich;
Der weiße Wolkenhimmel lässt sich nieder
So sanft und daunenweich aufs Erdenreich,
Die ihn empfängt in ihrer vollsten Blütenpracht.
Und beieinander dicht sind sie für sich allein.

Im Zelt stehst du: tiefroter Kirschenmund
Verzaubert mich, von dem ich angeblickt.
Er lässt mich ein ins ew'ge Glück, das Paradies.

Ausgesetzt

Prometheusgleich erduldete ich
Heftige Schmerzen im Herze mein
Schon bald nachdem die schöne Erde ich erblickt'.
Das Schicksal mich darauf noch aus ihr riss,
Die Seel' jedoch für sich behielt.

So wandert' ich dahin im Leben ohne sie,
Mich sehnend nach ihr all die lange Zeit,
Bis leibhaft am hohen Firmament sie mir erschien,
Und sanft im Farbenglanz - wie einer
Königin es sich gebührt - hernieder schwebte,
und mich leibhaftig mild und zärtlich äugte.
Das lang Ersehnte, nie Geglaubte wurde wahr!
Die Schmerzen wichen fort von mir,
Nachdem wir uns von Aug' zu Aug' erblickten!

Der Schönheit Stille

Wie lange noch, fragst du? – Ewiglich!
Denn deine tiefe Ruh und Stille
Ist Balsam meinem Herzen ohne Rast!
Was braucht der Mensch? – Eine Frau,
Die noch echt Frau ist ihrem Mann,
Wie auch die Frau den Mann,
Der ihr noch wirklich Mann ist.
Dann offenbart die Stille ihrer Herzen
Die Schönheit und die Wahrheit
Beider Glück in ihrem sittsam Leben.

Das Paradies

Welch mächt'ger Felsen, auf dem du ruhst
Mit glücklich strahlendem Gesicht,
Das freudig auf die Menschen blickt.
Der Strom, tief unterhalb dir fließt,
Das Wasser glänzt im hellen Sonnenlicht.
An deiner Seite fröhlich' Mädchen sind,
Auf deinem Schoß hältst du n'en Bub wie mich,
Der blickt vertieft auf deine schönen schlanken Beine.
Welch lieblich Traum die Welt hier träumt,
So schön ist's Leben nur - im Paradies!

Das Gemälde

Ganz unverhofft erscheinst du ihm,
In deiner vollen Pracht und Schönheit
An diesem seltsam fremden Ort.
Doch du blickst traumverloren
In die weite Ferne schauend
Mit ruhevollen träumend' Augen.

Dort gehst du froh an seiner Seite
Unter heitern Klängen der Musik
Im sonn'gen Park mit ihm spazieren.
Deinen Reden lauscht er hingegeben,
Das wie Vogelsang in seinen Ohren klingt.

Ein geselliges Café betrittst du, dort betrachtet
Von den frohen Menschen, die darin,
Wie ihr Platz nehmt zur Erfrischung und Getränk.
Er erhebt sich, reicht dir seine Hand zum Tanz,
Und erfreut begebt ihr euch auf das Parkett,
Wo inmitten all der andern Paare
Ihr auf Wolken schwebt in eurem Glück!

Tanz der Liebe

Bitte, lass uns tanzen, liebe Freundin
Unter Menschen, die wir kennen,
Zu den heimatlichen Klängen polyphoner
Heimischer Musik, zu der abgestimmt
So fein sind unsere Gemüter seit eh und je.

Und die Zauberkraft der beiden
Wandelt uns und auch die Welt
Klingend in die fühlende Bewegung,
Heiter in der abendlichen Nacht.

Deine schlanke, hochgeschossene Gestalt
Schmiegt sich weich und warm an mich,
Und wir tanzen ganz wie eine
Zu den Rhythmen unsrer Herzen und der Weise.

Ganz verwandelt sind wir beide samt der Welt
In der wundersamen Fülle unsrer Liebesharmonie,
Die weder Raum- noch Zeitengrenzen kennt.

Die Schönheit und die Liebe

Du erstrahlst in überird'scher Schönheit,
Lieblicher Anmut und gütiger Milde,
Eine Bergblume auf Kaukasiens wilden Höhen,
Inmitten eines Wiesenteppichs schönster Farbenpracht!

Die Welt erfreut sich an deinem Segen
Und deiner Zierde, die du schenkst,
Indem du bei uns bist!

Sie fühlt sich unwiderstehlich angezogen
Von deines Himmels Gaben,
Die unsre Herzen füllen
Mit Freude, Liebe und dem schönsten Glück!

Die Herbstikone

Wie oft und lang verweilet doch
Mein Blick auf deinem Bildnis,
Ein Heil'genbild brennt sich so ein
Für immer in die Seele mein,
Ein Fenster, das die Ewigkeit eröffnet,
Die deine Welt, in der du lebst und bist.
Mein Blick trifft deine Augen,
Und es entflammt auflodernd
Das Rätsel deiner Welt in mir:
Das Jahr geht seinem Ende zu;
Gedankenschwer – der Ernte Frucht.
Ein Weilchen nur, und sie ist reif;
Sie wird dir köstlich munden -
Und deren Samen bergen allezeit
dein Lebensglück auf Erden!
„Ach, ich muss die Heimat lassen;
Wissen möcht' ich, was die Ferne mir verspricht!"

Der Garten Eden

Im Garten Eden war ich, doch ich wusst' es nicht!
Wo Löwen noch wahrhaftig Löwen sind,
Ihr jähes Brüllen die Luft und Erd' erschüttern,
Des Sturmes Blitz und Donner gleich.
Und ihr Gebrüll fährt dir ins Mark und Bein,
Erstarrt bist du in deinem Schritt vor Furcht!
Und weichst zurück! So lehrte dich Natur das Fürchten.

Die Gartenluft erfüllt melodische Musik,
so rein wie Glockenklang, so hell und heiter,
gleich deiner Stimme Klang und Schönheit,
Der Venus Gabe, den wahrhaft Liebenden geliehn.

Wir gehn den Palmenweg entlang spazieren,
zum schatt'gen Quellengrund der Bächlein,
Der uns gewährt die Kühle vor heißem Sonnenstrahle,
Und auf dem bunt beblümten Teppich der Natur,
tanzen wir graziös, wie Feen ihren lust'gen Reigen,
Und stillen unsren Durst mit Rebensaft, des Weingotts Gabe.
Und angenehm erschöpft, legen wir uns hin zur Ruh

Auf den mütterlichen Schoß der liebenden Natur.

Es war ein Traum, als ich bin aufgewacht.
Jetzt weiß ich, wo du bist und kann
Zu jeder Zeit im Traum zu dir und bei dir sein!

Das Rendezvous

Ird'sche Mächte, Georgs Land, diamantbesetzte Höhen,
Funkelnd fließet Gottesgabe, ihm zum Segen dargebracht,
Zwischen Schwarzem und dem Kasp'schen Meeren eingefasst,
Haben sie, o Muse, uns zu diesem Rendezvous gebracht,
Damit du mein' Ehr' und Liebe ihnen, lobend, weiterreichst.

Denn du warst es, die im Strome alle meine Liebesgaben,
Die mein Herz an jene in das Wasser, sie gedenkend, warf,
Erspähtest, liebevoll einfingst und ins Herze schlossest:
Von dem kindlichen Erstaunen über himmelsstürmende, wolkendurchstoßende Höhn;
Das sprühende Spiel der glitzernd tänzelnden Meereszungen am sandigen Strande;
Die mit melodischer Musik durchtränkte Luft der Städte belebter Haine;

Der bunten Gärten, von dunkelblauen, heilsamen Trauben umkränzt;
Feigen- und granatäpfelbehangene Bäume und Stauden bergend;
Die Kühle des Abends auf Höhen vergnügt und gesellig verbringend;
In allem die zauberhafte Schönheit der Natur genießend;
Von Menschen, beglückt von ihr, mit Freude sie feiernd!

Ach, warum musst' ich das lassen? Auch mein' Seel', die dort verblieb?
Doch erspäht hast du sie, Muse, bringst sie endlich mir zurück!
Und mein' Ehr' und Liebe immerwährend uns'rem Ahnenlande hin!

Das Liebesfest

Wir haben uns zum Rendezvous vereinbart,
Du und ich; bist ein schönes, schneidig Mädel,
Magst mich, und ich mag auch dich! Wartest ungeduldig
Nach mir Ausschau haltend, im süßherbstlichen Oktober.
Deine zärtlichen Gedanken spür' ich und beeile mich.
Und sobald sich unsre Blicke treffen,
Eilen wir mit freud'gen Schritten auf einander zu;
Drücken uns umarmend aneinander fest,
Innig Zauberküsse tauschend, haken wir uns ein.

Wandeln lange leichten Schrittes auf der Promenade hin.
Und zur angenehmen Rast setzen wir uns unter Bäume,
An 'nen Tisch des reizenden Cafés. Klarinette, Bass, Klavier
Spielen hier zur Unterhaltung gepflegt-dezente Tanzmusik.
Du bestellst ein Käsebrötchen, Himbeeren und Wein,

Ich, Vanilleeis, Cognac und mir mundende Butterkekse,

Während wir uns daran laben, lauschen wir genüsslich der Musik,
Tanzen auch vergnügt bis in die frühe Nacht hinein.

Dann bei Dunkelheit begleit' ich sicher dich bis an die Tür,
Wo wir küssend voneinander Abschied nehmen,
Bis zum nächsten Rendezvous. - Doch dann ziehst du
Mich urplötzlich in die schöne Wohnung dein,
Flüsterst mir ins Ohr: „Und jetzt lass uns unsre Liebe feiern!"

Begeistert
von den Liedern Georgiens

Das sind begeisterte Ausrufe zu den Liedern, die du von Nino Katamadze mir gepostet hast.
Sie evozieren eine unendlich weite Welt der Liebesgefühle und Liebesbilder,
In der man unendlich lange glücklich sein kann! Sie ist unausschöpfbar beglückend:
Beschwingend! - Modern: Auftritt jeweils zweier Tänzerinnen!
Ergreifend zarte, sanfte, melodisch-grenzenlose Liebe!
Gefühlsstarker Gesang und schöner Gitarrenklang!
Sait Miprinaven Toliebi: Zart, gefühlvoll, bin tief und vollkommen entspannt mit dir!
Jedes Lied, o Muse, eine vollkommene Gefühlsperle der Liebe. Die Gitarrenmusik ist wunderschön und voller Phantasie! Alle Lieder und Bilder beschwören seelische Welten liebender Herzen, sowohl zart wie auch stark! Genau wie Georgien. Bin bezaubert, entzückt! Danke dir! Welchen Reichtums die Welten der Liebe doch sind!

Du meine Seele

Bist meine unermesslich reiche Seele, Muse! -
Ich steige auf in höchste Höhen,
Der Erde Schwerkraft hält mich kaum zurück;
Doch du bist höher über mir im All!
Auch wenn ich tauche in die tiefsten Wasser,
So lächelst du auch dort mich liebend an!
Du bist das Weltall meiner Liebe,
Kennst keine Grenzen der Gefühle,
Der Freude, der Glückseligkeit!
Ich atme leicht die Frische deiner Blumendüfte,
Ich lausch' dem fröhlichsten Gesang der Vögel,
Der meinen Leib und Geist erfüllt,
Und auf der dichten, samenvollen Wiese,
Erfreuen mich die frohen Bilder deines Tanzes!
Ach, liebe Muse, bist mein einzig Seel' und Leben,
Denn ohne dich bin ich - nur tot.

Die Wüste

Wie öd' und leer ist doch die Welt ohn' dich!
Ich weiß nicht, was ich tun und lassen soll,
Und was viel schlimmer, ob ich überhaupt noch bin!
Ich klamm're mich an dies und das,
Doch nutzt es wenig, es bleibt so grabesstill.
Auf deiner Liebe Wort und Laute warte ich;
Der Durst brennt heiß und trocken, wie in der Wüst'.
Wo find' ich dich, du Quell' und Leben mein,
Den Trunk des kühlen Wassers, der ist Kraft,
Der Gottes Paradies mit Leib und Liebe schafft?

Das Glück

Juche! Die Welt ist schön! Der Himmel blau! Die Sonne scheint so hell!
Es ist auf einmal alles grün, und auch die bunten Blumen blühn!
Die Vöglein zwitschern fröhlich laut und ja, so wunderschön!
Die Freude wallt so stark in mir, durchfließt mich angenehm!
Sie lächelt hörbar glücklich froh die weite Welt nun an,
Die dankbar ihr sich noch viel schöner macht!

Die Liebe ist jetzt wieder da, beglückt die Welt und mich,
Mein Herz nimmt sie in vollen Zügen auf und wird lebendig wie noch nie!
Das Glück, der Friede und die Ruh' kehr'n ein mit ihr in mein Gemüt,
Und alles ist nun wieder schön und gut!

Georgien – die Seele mein

Verstehst du jetzt, o liebe Muse,
Warum die Seele mein aus Georgien
Nicht wegwollte und dort verblieb?
Denn genauso ist sie, wie du sie in diesen
Bildern siehst, hörst, fühlst und auch erlebst.

Der Atem blieb mir stehen -
Ich musste staunen, lachen, weinen,
Mich von Herzen freuen und vor Glück
Gar laut aufjauchzen, tanzen, springen!
Genauso wie in den Gedichten mein,
Den durch und durch georgischen,
Ich vor Begeisterung ganz trunken bin!

Du bist nun endlich wieder da,
In meinem Leben, geliebte Seele mein!
Du bist da! Ich kann es gar nicht fassen!
Gibt es ein größ'res Glück im Leben?
Nein, es gibt kein größ'res Glück als dich!
Das ist das größte, ein größ'res gibt es nicht!

Das Paradies II

O Muse, schön bist du und märchenhaft;
Geheimnisvoll und voller Zauberpracht
ist deiner Augen unergründbarer Blick;
Umwittert von Geheimnissen dein Angesicht,
Und die Gestalt von Michelangelo kreiert,
Die ich umarmend spür' in zauberhafter Fülle,
Dein Antlitz himmlisch, und doch so rätselhaft!

Teilhaftig möcht' ich deiner Liebe sein,
Denn ohne Liebe ist das Leben nicht,
Das leblos in den Abgrund stürzt als nichts;
Nur sie hält mich darüber hängend ewiglich!
Du hältst der Wahrheit Schlüssel, den ich erraten muss,
Mit dir im Paradies der Lieb' zu sein.
Der Schlüssel ist die güt'ge Wahrheit deines Seins,
Die du der Liebe nur eröffnen willst.

Da küsst du mich, die Liebe mein erkennend,
Und licht wird's um uns beide im schönsten Paradies!

Erfüllung

Bildhübsch bist du, o liebe Muse,
Dein Angesicht so blendend schön!
Tief strahlt es in das Herze mein
Und stillt die heft'ge Sehnsucht dort,
Die mich so lange, lange hat geplagt,
Die einzig du mir völlig stillen kannst!

Mein Herze jauchzt und jubelt froh,
Wie Lerchensang am frühen Morgen.
Mein Herz, es ist so froh und glücklich,
Seitdem du schaust auf mich als Freund,
Und ich auf dich als liebe, treue Muse.

Blick ich auf dich, so bin ich trunken,
Berauscht bin ich vor lauter Glück,
So wunderschön bist du und lieb!

Verbundenheit

Naturwesen waren beide wir, du und ich,
Frei und ungebunden wuchsen wir
Spielend im Schoße der Natur, sicher
Behütet von ihr wie von einer Mutter,
Fest vertrauend auf ihre Mutterliebe.

Und so entließ sie uns in ihre große Welt,
Durchwanderten sie einsam auf vielen Wegen,
Uns sehnend einander wieder zu begegnen,
Bis uns're geist'gen Pfade unverhofft sich kreuzten.
Wie groß war doch die Freude uns'res Wiedersehns!

Der traute Bund, der nie zeriss und nie zerreißen wird,
Auch wenn die Zahl der Jahre zwischen uns
Ist noch so groß, so werden wir denn noch und noch
Zusammen sein als Suliko und Muse mein!

Liebestraum

Wenn ich aufs seelenvolle Antlitz blicke,
So fesselt mich dein rosenroter, schöngeformter Mund.
Ich möcht dein Angesicht in meinen Händen halten,
Und zärtlich küssen deine süßen leuchtend roten Lippen!
In deine dunklen, tiefen, güt'gen Augen blicken,
In sie versinken, von deiner Liebe völlig trunken sein.
Entlang der seidig schimmernd' Fülle deiner Haare,
So schwarz wie feinstes Ebenholz und edel duftend
Mit meinen Fingern sanft berührend und sie gleitend fühlen,
Umhüllt, berauscht von ihrem noblen Duft.

Du näherst dich, die Arme um mich schlingend,
Die Hände mein berühren dich und gleiten auf und ab
Entlang der reizenden Gestalt, die Grazie wohl spürend
Ihrer anliegend tanzenden Bewegung, deren Lebenswärme
Den Körper mir so angenehm und warm durchströmt.

Wir bilden unsre eigne Welt in diesem Liebestanze,
Aus dem das Wunder neuen Lebensglücks das
Licht erblickt!

Die kostbarste Perle

Du bist weit wertvoller, liebe Muse,
Als die kostbarste Perle all der Welt!
Denn ohne dich bin ich ein wahres Nichts.
Du füllst die gähnend' Leere meines Lebens
Und gibst zurück des Lebens heil'gen Sinn:
Die Schönheit, Güte und das Glücksgefühl.

Du bist der Muse Liebe, die nie vergeht,
Die beständ'ge Treue, die länger als mein Leben währt.
Wir sind durch uns're Freundschaft eng verbunden:
Es herrscht nun laut're Freude hier auf Erden
Der Seelen uns'rer an deren edlen Grazie.

Glückliches Schicksal

Unsre Freundschaft macht uns glücklich,
Sie ist Liebe echt und wahr und innig,
Anders zwar als Liebe in der Ehe,
Dennoch Liebe, auch wenn anders.

Ach, wie viele Lieben es nicht gibt,
Haben sie doch alle eins gemeinsam:
Fühlendes Verständnis für einander,
Das sie liebend bindet, sei was will!

Jetzt ist uns das Schicksal wohl gewogen,
Welches uns seit jeher bestens kannte,
Dass wir uns doch endlich fanden,
Und viel Freude miteinander teilten!

Nächtlicher Spaziergang II

O, wie vollen Hochgefühls des Lebens
Ist gemähliches Spazieren entlang der Promenade
Der schönen Burgos-Stadt im Herzen Spaniens
Bei großem Mond und seinem hellen Scheine!
Ich blick dich an: mein Herz wird warm,
Und ich versink in seine Liebesträume:
Die große Ruhe, der stille Mond und du!
Hab Dank, oh Gott für deine Gnade,
Dass uns die Liebe fand so unverhofft.

Ja, ich dichte nur romantisch! – Und warum?
Weil sie doch alles ist, sogar den Tod noch überlebt!
Es gibt uns nicht ohn Liebe, sie ist das All und Alles!
Liebevoll und sanft umarm ich dich behutsam,
In unsre Augen schauen wir uns tief,
Teilen unser schönes, hohes Liebesglück,
Vereint, verschmolzen grenzenlos
Im Reich der Liebe, das zeit- und raumlos ist!

Das Röslein

Schau an, geliebte Muse, diese Rose,
S'ist meine Gabe, die mich fand,
Als ich an dich nur dachte, an einem Ort,
Gar unerwartet, im November
Nach dem strengen Frost,
Der sie noch hübscher, schöner machte.

Schau hin geduldig und recht lange!
Erscheint da nicht vor deinem Auge
Ein rot bedecktes Köpflein einer Maid,
Das hingegeben ins Innere der Rose schaut?
Ihr Schatz ist es, ist wohlbehütet!

Rasch schreitet sie voran,
Im grünen Röcklein nett gekleidet
Zum warmen Häuslein, wo ihr Beschützer
Sie voller Lieb und Ungeduld erwartet!

Unseres Glückes Nest

O, du Muse, spüre deine sanfte Ankunft
Auf den leichten Flügelschwingen,
Mit den Gaben, uns beglückend:
Die Geborgenheit, recht wohlig,
Weich und liebevoll umfasst
In der Zeit des kalten Winters.

Auf dem hohen Baume, in der sichren Hütte,
Zwischen Wolken und der Erde schwebend,
In der klaren Luft, würzig duftend,
wo es leicht und unbeschwert sich atmet,
Hell durchflutet von der Sonne Schein,
Unbedroht inmitten Muttern weißer Pracht!

Nicht nur meiner, auch der deine Lebensatem
füllt das Innere der warmen Hütte
Mit der Liebe völlig aus!
Das ist himmliche Erfüllung
Unsres Glückes hier auf Erden,
Gottes Welt ist eine Fülle unbekannter Rätsel!

Das Schöne

Alles ist, o Muse, mir an dir sympathisch!
Dein durchseeltes Angesicht, mir zugewendet,
Blickt mich an mit seiner rätselhaften Schönheit,
Umrahmt von schönem, leicht gewelltem Haar.

Geheimnisvoll blicken deine großen Augen,
in deren bodenloser Tiefe ich gern versinke,
Mich verliere in grenzenlosem Liebesglück!

Die hohe Stirn, das stolze Kinn, und ach, dein Mund inmitten,
Mit seinen engelhaften roten, samtnen Lippen!
Des Himmels Boten von dem einzig wahren Erdenglück!

Deine, vom Schöpfer selbst geformte hohe, edle Form
Bewahrt in ihrem Innern deinen größten Schatz,
dein Herz, das die vollendete Erscheinung dein,
In dessen Milde, Schönheit, Güte lässt erstrahlen!

Liebesekstase

Du bist himmlisch schön, lieb Muse mein,
Dein Antlitz, weiß wie Schnee,
Dein berauschend blühender Mund
Und deine samtnen Lippen ein Rosenduft.

Sanft schimmernd, gelöstes weiches Haar,
Tiefdunkler Glanz umrahmt dein Angesicht,
Die forschenden, gütigen Augen,
Deine vollendet geschwungene Form
Und berückend üppiger Torso.

Du bist die Schönheit selber in edelster Erscheinung,
Eine Augenweide glückseligster Liebe,
Einer blühenden farbigen Bergwiese gleich,
Deren Duft ich berauschend atme, gefesselt
Vom unvergleichlich süßen Liebesglück!

Der grüne Lichterkranz

Ich umarme dich, spüre dich,
Drücke dich ganz dicht an mich,
Fühle deinen daunenweichen Körper,
Wie er durchströmt den meinen,
Mit deiner gold'nen Lebenswärme.
Ich schweb im Duft der güt'gen Aura dein,
Liebkost von seidnem, weichem Haar.

Ich lausche hingegeben dem Liebesrhytmus
Deines Herzens, der mich umfasst und einverleibt.
Und wir verschmelzen ganz in einen Weltenball
Unendlicher Glückseligkeit!

Und siehe da! Die Sonne stößt erstrahlend sich
Vom Horizont der herrlich blauen Perle ab,
Die ihn empfängt in ihrer schönsten, vollsten
Pracht!

Дух любви

Ой, Дорогая душенька моя! Я в восторге!
Как же ты меня нашла в этом краю далёком,
и добралась ко мне в холодной этой зиме?
Это только дружеской любви
ты ко мне так неожиданно прибыла,
спеть мне очаровательную песню райскую твою
от далёких времён родины славной матушки моей!
 Дух люби дышит, где хочет, и звук его слышишь,
а не знаешь, откуда приходит и куда уходит:
так бывает со всяким, рожденным от Духа.

Zusammen immerdar

O du, geliebte Muse, zu dir mein Sinn
kehrt immer wieder gern zurück!
Um dich zu rühmen, wie es dir gebührt!
Wie kann ich sein ohn dich,
Ohn deinen Nektar, die Liebe dein,
Die mich am Leben hält,
Damit ich preis dich allezeit!

Eine stolze Burg voll Pracht und Glanz
Auf grüner Bergeshöh erbau ich dir,
Mit weitem Blick zu fernen Horizonten,
ringsum jungfräulich blühender Natur;
Mit großen Hallen, hohen Wänden und Gemächern,
All das glanzvoll verziert mit Gold und Edelstein,
Kunstvoll gewirkten Teppichen geschmückt;
Mit Innenhof, Springbrunnen, schattigem Gewächs,
Wo die Musik zum Tanz und Singen lädt.

Hier möcht ich sein mit dir und Deinen ewiglich!
Wir haben alles: Sonne, Luft und Wasser,
Was unsre Liebe nährt und stets vermehrt,
Und uns auf alle Zeiten glücklich bindet!

Valentinstag

Bald ist er da, der Tag des Heil'gen Valentins,
Der Tag der Liebe und der Liebenden.
Einmal im Jahr gefeiert, du kennst ihn auch,
Doch weiß ich nicht, was du darüber denkst.

Ein einzig Tag im ganzen Jahr, wie kann das sein?
Wenn du und ich verbunden sind
Gleich einer einz'gen Seel' jahraus, jahrein,
Vereint in güt'ger Liebe, an der wir uns so gern erfreuen,
Ganz nah, und sie in unsern Körpern bebend spüren!
Das schönste Liebesglück, das voll erblüht in unsern Herzen!

Es ist ein Wunder, echt und wirklich, liebe Muse,
Doch unerklärlich, und trotzdem so wahr!
An deinem Körper engelgleich, so rosarot und duftend:
Ich küsse mich und dich in glühende Ekstase!
Zarter Liebesduft umweht uns sanft berauschend,
Entrückt uns in Liebeswonne in des Himmels Paradies!

Nun künden Nachtigallen klangvoll schlagend
Die bald'ge Ankunft der Aurora am dunklen Himmelszelt.
Sie wirft die rosa Schleppe der Sonne froh entgegen
Und heißt das neue Leben in vollem Glanz willkommen!

Morgengruß

Schaust du mich, Muse, liebend an,
Taucht freudig auf die Sonn',
Und steigt erhaben in die Höh',
Erstrahlt das wehe Herze mein
In hellstem Sonnenschein,
Fühl' weder Pein noch Sehnsucht,
Befreit von allem Herzeleid:
Du bist die Heimat meiner Liebe,
Daheim bin ich bei dir allein.

Die Quelle

Deine sanfte Güte, liebe Muse,
In allerhöchsten Höhen des Gebirges,
Unzugänglich ist die Stelle,
Einsam in kristallnem Äther,
Unauffindbar, sprudelt sie empor, die Quelle,
Freudig sprühend der Sonn' entgegen,
Ihren Segen mit jedem Tröpfchen fangend.

Spielend fallen ihre glitzernden Perlen
Auf die Erde nieder, die reingewaschen,
Sie aufs Neue unentwegt ernährt,
Liebkosend umringt von bunten Blümlein,
Und plätschert Liebe spendend allezeit!

Jasons Drachenkampf um das Goldene Vlies

In der Dynastie des Windgottes Äolos, gibt es Zerwürfnisse. In Ioklos, Thessalien, litt das Volk und ein Teil der Sippschaft schwere Not unter der unrechtmäßigen Herrschaft des Königs Pelias. Er hatte Jasons Vater Äson, der seinem Vater Kretheus in der Herrschaft folgen wollte, vertrieben. Nach zwanzig Jahren erscheint vor Pelias der bei Chiron verborgene und von diesem erzogene Jason, der rechtmäßige Anwärter auf den Thron, und fordert von ihm, dem Stiefbruder seines Vaters, die Königswürde zurück. Er sei dazu bereit, fingiert aber eine Forderung der Unterirdischen, die er zuvor erfüllen müsse. Sie bestehe darin, die Seele des inzwischen verstorbenen Phrixos und das Goldene Vlies, das ihnen gehört, von Äetes, dem König von Kolchis im Kaukasus zu holen. Da er dazu zu alt sei, solle der jugendliche Jason das tun. Insgeheim aber hofft er, Jason auf diese Weise aus dem Wege zu schaffen. Phrixos, durch das Ränkespiel seiner Stiefmutter Ino zum Opfertod bestimmt, war ehedem auf dem Widder mit dem Goldenen Vlies, einem Sprössling Poseidons, dorthin entflohen.

König Äetes hatte ihn in Kolchis freundlich aufgenommen und ihm seine Tochter zur Gemahlin gegeben. Den Widder hatte Phrixos dort Zeus geopfert; das Goldene Vlies wurde im Hain des Ares aufgehängt.

Jason nimmt den Auftrag zur Gewinnung des Goldenen Vlieses an, baut mit Athenes Hilfe ein superschnelles Schiff namens Argo und versammelt als Bemannung eine glänzende Schar von Heroen aus ganz Griechenland, der größten Ansammlung dieser Art noch eine Generation vor dem Trojanischen Krieg. Nach einer ganzen Reihe von schweren Abenteuern gelangen die Argonauten auf ihrer Fahrt, die durch die berüchtigten Symplegaden, zwei Klappfelsen, führt, in die jenseitige Welt und erreichen endlich die Sichtweite des Kaukasus. Sie erblicken den Adler, der mit mächtigem Flügelschlag dem höchsten Gipfel zusteuert. Und sie vernehmen bald auch den Klageruf des gequälten Titanen Prometheus, an dessen Leber der Adler zehrt.

Jason tritt vor König Äetes und fordert das Goldene Vlies zurück. Medea, die Königstochter erblickt ihn bei dieser Gelegenheit und verliebt sich in ihn. Der Herrscher von Kolchis, eine Hadesgestalt, ist argwöhnisch und bös – voll des helfenden und schadenden Zaubers.

Als Antwort schickt er den Heros in den Rachen des Drachens, der das Goldene Vlies bewacht. Jason kommt ohnmächtig aus dem Mund des Drachens hängend wieder hervor. Zu Tode erschöpft kehrt er aus dem Bauch der Riesenschlange zurück und benötigt die Hilfe der anwesenden Göttin Athene, die ihn aus der Todestrunkenheit wiedererweckt. Das Goldene Vlies hängt am Baum.

Jason bewährt sich als Held, weil er wissend in die Gefahr hineingeht und sich ihr ausliefert, um sie zu durchstehen. Allein im Verschlungenwerden besteht im Wesentlichen dann auch schon sein Sieg, der das Goldene Vlies zugänglich macht, das heißt die Lichtsubstanz freisetzt, dessen Glanz ein völlig neues Menschsein auf einem höheren, verfeinerten Bewusstseinsniveau entspringt. – Nachdem Jason das Goldene Vlies aus dem Bauch des Drachens geholt hat, will König Äetes die Argonauten dennoch vernichten. Doch mit dem Beistand seiner Tochter Medea gelingt es den Argonauten, ihm durch Flucht zu entkommen und in die heimatliche Welt mit dem Goldenen Vlies zurückzukehren.

Über den Autor

Roland F. Lukner, Jahrgang 1934, verbrachte seine Kindheit bis zum Herbst 1943 in der ehemaligen Sowjetunion. Schon in dieser kurzen Zeit lernte er das wahre Wesen des modernen Krieges und der totalitären Politik in seiner Ganzheit an seinem eigenen Körper und seiner Seele kennen, so zwar, dass diese Erfahrungen sein Gedächtnis und die geistige Auseinandersetzung mit ihnen ihn zeitlebens nicht mehr losließen. Noch vor dem weltweiten Ausbruch der menschlich verursachten kriegerischen Verwüstungen und Zerstörungen von Mensch und Hof, war es ihm beschieden, mit seiner adeligen georgischen Mutter, Georgien und ihre Geburtsstadt Tiflis zu besuchen, was ihm als ein kultureller und geistiger Höhepunkt seines Lebens verblieb, nicht zuletzt der einzigartigen geographischen Schönheiten des Landes wegen. Über dieses strahlende Erlebnis seiner Kindheit erbringen diese Gedichte den beredten Erweis seines Herzens.

ibidem-Verlag
Melchiorstr. 15
D-70439 Stuttgart
info@ibidem-verlag.de

www.ibidem-verlag.de
www.ibidem.eu
www.edition-noema.de
www.autorenbetreuung.de

www.ingramcontent.com/pod-product-compliance
Lightning Source LLC
Chambersburg PA
CBHW031638160426
43196CB00006B/466